Détecter et contrer le gas-lighting

Comment démasquer facilement le gaslighting dans le couple et au travail grâce à 11 signes et échapper au piège de la manipulation en 5 étapes

Anna-Lena Palek

CONTENU

Ce qui vous attend dans ce guide

Avez-vous déjà fait l'expérience d'être manipulé par une personne au point d'avoir l'impression que quelque chose ne tournait pas rond dans votre perception ? Que vous avez fini par douter de votre capacité de compréhension, voire de votre santé mentale ? Que vous avez commencé à perdre confiance en vos sens parce qu'on vous suggérait régulièrement que vous perceviez mal la réalité ? Vous n'êtes pas le seul : ce phénomène courant est appelé *gaslighting* et constitue une forme subtile mais grave de violence psychologique qui peut avoir un impact durable sur l'estime de soi de la victime.

"Je n'ai jamais dit ça. Vous vous faites des idées".

"Cela ne s'est jamais passé comme ça".

"Tu réagis de manière excessive."

"Vous êtes fou. Tu devrais te faire aider".

Ce ne sont que quelques exemples de phrases fréquemment utilisées dans le gaslighting - si elles vous sont familières et que vous n'êtes plus sûr de pouvoir vous fier à votre perception, vous pourriez être concerné.

Le gaslighting peut nous arriver dans différents domaines de la vie : dans les relations amicales et amoureuses, au travail, dans les structures politiques et sectaires - mais dans tous les cas, cette technique manipulatrice vise à faire douter la victime de sa perception et de sa santé mentale afin de prendre le contrôle et d'exercer un pouvoir. Mais il existe des moyens de comprendre et de briser ce schéma destructeur !

Dans ce guide, vous apprendrez non seulement ce qu'est exactement le gaslighting et comment fonctionne ce mécanisme, mais aussi comment vous - et les autres - pouvez vous libérer du piège de la manipulation et finalement sortir plus fort de cette crise.

Note importante sur le genre : pour faciliter la lecture de ce guide, le masculin générique est utilisé la plupart du temps. Toutefois, il va de soi que les personnes de tous les sexes sont concernées.

Qu'est-ce que le gaslighting ?

GASLIGHTING - QU'EST-CE QUE CELA SIGNIFIE AU JUSTE ?

Le terme "gaslighting" est un terme que l'on entend et que l'on lit régulièrement. Il apparaît dans des forums, des blogs, des articles de presse et des guides, dans le contexte de la santé mentale au travail, ainsi qu'en relation avec des méthodes d'éducation, des structures de personnalité narcissiques et des relations toxiques. Mais que se cache-t-il exactement derrière ce mot ? Et qu'est-ce que ce nom signifie ?

Le terme est basé sur le titre de la pièce de théâtre *Gas Light* du dramaturge britannique Patrick Hamilton. C'est avec la parution de la pièce en 1938 que ce phénomène a été abordé pour la première fois. L'intrigue tourne autour d'un couple dont l'homme cherche secrètement dans la maison commune les bijoux d'une locataire décédée. Alors qu'il allume les lampes à gaz à l'étage supérieur de la maison lors de sa recherche, les lampes du reste de la maison s'assombrissent, ce qu'il nie farouchement lorsque sa femme lui en parle. Au fil du temps, le mari parvient de plus en plus à convaincre sa femme qu'elle imagine le clignotement des lumières, ainsi que les bruits inhabituels qui lui parviennent lorsqu'il se remet à fouiller le grenier. Pour étayer ses mensonges, il les étend progressivement à de plus en plus de domaines de la vie et finit même par lui faire croire que sa mère est devenue folle, tout comme elle, et qu'elle est morte dans un sanatorium.

Lorsque le film *La maison de Lady Alquist, basé* sur la pièce de théâtre *Gas Light*, est sorti en 1944 et a rapidement gagné en popularité, le sujet a fini par se généraliser. Mais malheureusement, le champ d'action du phénomène à l'origine des deux drames cités ne se limite pas à l'espace fictionnel des scénarios et des scripts de théâtre. Que ce soit dans les relations de couple ou au travail, cette forme particulière de manipulation, qui consiste à faire croire à la victime que quelque chose ne va pas dans sa perception, se manifeste régulièrement. Les régimes politiques et les sectes peuvent également utiliser cette pratique pour contrôler l'esprit de leurs adeptes. Dans de nombreux cas d'abus sexuels sur des enfants, le gaslighting est utilisé pour brouiller les souvenirs de l'expérience et créer une dépendance émotionnelle. Mais le gaslighting s'étend également à la société dans son ensemble et s'applique à des groupes de population ou à des minorités.

La perfidie de cette tactique manipulatrice réside dans le fait que, sur la base d'une relation de confiance, des doutes sont régulièrement semés chez la victime (*Gaslightee*) sur sa propre capacité de perception pendant une période prolongée. Dans la plupart des cas, ce processus aura un impact durable sur l'estime de soi de la personne concernée et laissera des séquelles avec lesquelles la victime devra souvent lutter pendant des années. Cependant, l'auteur (*Gaslighter*) n'est pas toujours conscient de son comportement manipulateur. En particulier, le gaslighting peut être plus fréquent dans certaines pathologies telles que le narcissisme ou la sociopathie, sans que les gaslighters ne soient conscients des effets toxiques de leur comportement.

CONSÉQUENCES DU GAS-LIGHTING

Le gaslighting agit comme un poison insidieux qui, lentement mais sûrement, attaque et décompose la confiance en soi de la personne concernée. Le sentiment de ne plus pouvoir se fier à ses propres perceptions crée un sentiment d'insécurité qui s'étend peu à peu à tous les aspects de la vie. Comme de nombreux Gaslightees développent la peur d'être devenus fous, ils se retirent de leur vie sociale et tentent de faire face seuls à la situation.

Plus le problème se prolonge, plus les conséquences sont dramatiques - dépression, anxiété, paranoïa et sentiments d'aliénation peuvent apparaître. Si ces schémas ne sont pas identifiés et brisés à temps, des dommages psychologiques durables peuvent survenir - les personnes qui ont été victimes de gaslighting dans leur enfance, en particulier, en subissent souvent les lourdes conséquences toute leur vie et risquent souvent de retomber dans de telles relations à l'âge adulte.

COMMENT FONCTIONNE LE GAS-LIGHTING ?

L'une des conditions fondamentales du gaslighting est qu'il existe une relation de confiance entre l'auteur et la victime. Ce n'est que sur cette base que le Gaslighter peut, par sa manipulation ciblée, faire croire au Gaslightee qu'il perçoit la réalité de manière déformée et qu'il s'imagine des choses. Ainsi, le Gaslightee perd peu à peu confiance en sa propre perception et ressent souvent une pression de plus en plus forte pour se justifier auprès du Gaslighter. Mais plus le Gaslightee cherche à se défendre, plus il devient dépendant de la réaction du Gaslighter. Toutes les tentatives pour regagner l'approbation du Gaslighter se retournent contre lui. Un rapport de force s'installe.

Une fois que ce mécanisme est enclenché, il est difficile de le briser. Le Gaslightee ressent un besoin accru de sécurité, qu'il recherche dans la représentation de la réalité par le Gaslighter, qui peut à son tour en profiter pour semer davantage de doutes. Moins le Gaslightee a le sentiment de pouvoir se fier à sa propre perception, plus il devient dépendant de la représentation de la réalité par le Gaslighter. La perte d'estime de soi du Gaslightee et la peur d'être devenu fou l'amènent souvent à se retirer des contacts sociaux en dehors de la relation toxique de Gaslighting - un effet aux conséquences fatales, car un échange avec des personnes extérieures ou des amis pourrait souvent contribuer à renforcer la confiance en sa propre vision. Il n'est pas rare que les auteurs d'une relation de gaslighting aillent jusqu'à convaincre leurs victimes que tout leur entourage a compris depuis longtemps qu'elles étaient folles et qu'elles font semblant de croire que tout va bien par pitié.

Le Gaslighter prend de plus en plus le contrôle de la pensée du Gaslightee, jusqu'à ce que, dans le pire des cas, ce dernier soit incapable de penser clairement par lui-même et finisse par dépendre entièrement du Gaslighter pour lui expliquer ce qui est bien et ce qui est mal.

DIGRESSION : LE SYNDROME DE STOCKHOLM

Le syndrome de Stockholm est un phénomène psychologique dans lequel les victimes (généralement d'enlèvements ou de prises d'otages) développent une relation positive avec leur agresseur - dans certains cas, elles en tombent même amoureuses. Comme dans le cas du gaslighting, la perte totale de toute sécurité pousse la victime à se remettre en toute confiance entre les mains de son agresseur, car il représente son seul point de référence fixe dans cette nouvelle situation.

Le terme "syndrome de Stockholm" fait référence à une prise d'otages lors d'un braquage de banque qui s'est déroulé à Stockholm en 1973. Quatre employés ont été pris en otage. Selon les médias, les otages se sont montrés solidaires de leurs ravisseurs au cours des cinq jours suivants et ont adopté une attitude de plus en plus hostile envers la police. Même après la fin de la prise d'otages, ils n'ont pas manifesté de sentiments négatifs à l'égard des preneurs d'otages, au contraire, ils leur étaient reconnaissants d'avoir été libérés. De plus, les otages ont demandé la clémence pour leurs agresseurs et leur ont même rendu visite en prison. Comme dans le cas du gaslighting, les victimes commencent à s'identifier et à se solidariser avec les auteurs. En créant un lien positif avec les agresseurs, elles développent un sentiment de sécurité. Si elles admettaient ce qui se passe réellement, cette sécurité présumée disparaîtrait. Le phénomène décrit, tout comme le gaslighting, est donc un mécanisme de protection de l'âme qui tente de garantir le besoin humain fondamental d'attachement et de sécurité.

Le syndrome de Stockholm se distingue toutefois du gaslighting dans la mesure où le premier peut être développé par la victime sans intervention ciblée de l'auteur, tandis que le gaslighting implique nécessairement une manipulation consciente ou inconsciente, mais en tout cas active, de la part de l'auteur. Néanmoins, il n'est pas rare que ces deux phénomènes aillent de pair.

Comment reconnaître le gaslighting ?

11 SIGNES DE GASLIGHTING

1. Ils développent des doutes sur eux-mêmes et se sentent de plus en plus insécurisés.

2. Vous devenez de plus en plus critique envers vous-même et avez le sentiment de ne rien pouvoir faire de bien.

3. L'opinion des autres devient de plus en plus important pour vous. Vous vous demandez à chaque fois que vous faites ou dites quelque chose comment vous allez être perçu et vous recherchez de plus en plus

l'approbation de l'extérieur.

4. Si quelque chose ne va pas, cherchez immédiatement la faute chez vous.

5. Le Gaslighter vous dicte ce que vous devez penser et ressentir. Si vous le contredisez, il prétend que vous avez tort/réagissez de manière excessive/êtes trop sensible ou autre.

6. Le Gaslighter semble savoir exactement ce que votre entourage pense de vous ("Nous nous demandons tous ce qui ne va pas chez vous", "Nous sommes tous d'accord pour dire que vous exagérez" ou autre).

7. Dans de nombreux cas, les Gaslighters attirent également des personnes de leur entourage direct (cercle d'amis, milieu professionnel...) sur leur site.

8. Le Gaslighter vous met dans la bouche des mots que vous n'avez jamais prononcés, ou il nie des déclarations dont vous vous souvenez clairement. Il présente les choses comme si la raison de cette incohérence venait de vous et de votre perception prétendument déformée. Il se peut que vous finissiez par ne plus savoir ce qui a été dit ou ce qui s'est passé et ce que vous avez imaginé.

9. Vous vous sentez sous la pression du Gaslighter. Cela peut se traduire par des menaces (par exemple : "Si tu ne..., alors je dois...") ou par le fait qu'il vous montre son épaule froide dès que vous ne vous comportez pas comme il le souhaite.

10. Si vous exprimez un sentiment, en particulier un sentiment négatif, le Gaslighter vous fait comprendre que vous avez tort avec votre sentiment.

11. Vous commencez à accorder plus de crédit au jugement des autres qu'à votre propre sentiment.

UN MENSONGE EST-IL DÉJÀ DU GASLIGHTING ?

Mais quelle est la différence entre un mensonge "traditionnel" et le gaslighting ? Où se situe la ligne de démarcation entre les deux ? Ou bien y a-t-il dans toute contre-vérité une forme de manipulation qui pourrait être qualifiée de gaslighting ?

Il est certain qu'il n'est pas toujours facile de faire la distinction entre les deux et que la frontière entre les deux peut être floue. En principe, une contre-vérité qui ne remet pas en question la capacité de perception de l'autre personne est un mensonge (et n'est donc pas acceptable), mais ce n'est pas encore du gaslighting. Ce n'est que lorsque votre interlocuteur exprime également que quelque chose ne va pas dans votre perception que l'on parle de gaslighting. Dans le chapitre suivant, vous trouverez quelques exemples qui montrent clairement la différence.

Situations typiques de gaslighting

Le chapitre suivant présente quelques situations dans lesquelles il est possible d'identifier des comportements de gaslighting. Bien entendu, le gaslighting peut se produire dans d'innombrables configurations, avec des motifs divers, mais pour fournir des points de repère proches de la réalité, voici quelques modèles courants. Toutes les constellations présentées sont fictives, mais basées sur des faits réels.

DANS LES PARTENARIATS

Le gaslighting se produit souvent dans le cadre de la question de la fidélité et de l'infidélité. La personne jalouse et la personne infidèle peuvent toutes deux devenir des gaslighters. Par exemple, dans le cas de la dissimulation d'une liaison, le gaslightee est souvent persuadé qu'il imagine les signes qui pourraient indiquer une infidélité.

Markus et Lina sont en couple depuis plus de 10 ans et mariés depuis 3 ans. Markus travaille comme architecte, Lina est actrice et voyage souvent pendant de longues périodes en raison de ses engagements en tant qu'invitée. Un jour, alors qu'elle vient de rentrer de voyage, elle découvre un long cheveu noir sur le canapé. Lina a elle-même les cheveux blonds et personne dans leur cercle d'amis communs ne possède ce type de cheveux. Elle sait cependant que Markus a une collègue aux longs cheveux noirs dans son cabinet d'architecture. Malgré ses inhibitions initiales - elle ne veut pas avoir l'air de contrôler - elle en parle prudemment à Markus. Celui-ci réagit avec irritation. "Je t'ai dit que ma collègue était là avant-hier parce que nous devions continuer à travailler sur notre projet commun !" Lina est surprise -

elle ne se souvient pas que Markus ait parlé de cela, bien qu'elle lui ait parlé au téléphone hier. Même l'information selon laquelle ils travaillent ensemble sur un projet ne lui est pas familière. Déstabilisée, elle fait remarquer les deux, ce à quoi Markus répond, de plus en plus irrité : "Bien sûr que tu le savais ! Je te l'ai dit plusieurs fois. Mais quand tu es en tournée, tu n'as rien d'autre à penser que tes affaires de théâtre. Pas étonnant que tu oublies toujours tout". Sur ce, il quitte la pièce, furieux. L'incertitude de Lina grandit. A-t-elle vraiment oublié ? Ou n'a-t-elle pas entendu ? Se comporte-t-elle de manière égoïste sans s'en rendre compte ? Se donne-t-elle trop d'importance à elle-même et à son travail, perdant ainsi de vue ses semblables ? Markus se sent-il rejeté par elle ? Un sentiment de culpabilité germe en elle ...

Il est évident que Lina a surpris Markus. Pour sauver la face, il ne nie pas la visite de la jeune femme - ce qui serait un mensonge difficilement crédible compte tenu des cheveux qui traînent - mais prétend avoir parlé à Lina de cette visite. Mais ce n'est pas tout : pour la déstabiliser encore plus et lui donner le sentiment qu'*elle a en* réalité commis une erreur et qu'elle est maintenant redevable à Markus, il l'attaque sur le plan personnel en insinuant qu'elle s'intéresse moins à lui qu'à elle-même et qu'elle néglige leur relation à cause de son art.

Mais l'inverse existe aussi : Par exemple, un Gaslighter jaloux accusera le Gaslightee d'infidélité à chaque fois qu'il en aura l'occasion, il tirera des indices de cette infidélité par les cheveux et fera croire au Gaslightee qu'il se comporte de manière irrévérencieuse, même dans les situations les plus courantes.

Verena et Stefan ne se connaissent que depuis quelques mois et sont très heureux l'un de l'autre. C'est la Saint-Sylvestre et le couple est invité chez des amis de Verena pour fêter dignement le passage à la nouvelle année. Ils arrivent à la fête dans une ambiance festive et entament très vite une conversation avec différentes personnes. Parmi les invités, Stefan rencontre par hasard une ancienne camarade de classe et entame avec elle une longue conversation.

Sur le chemin du retour, Verena est silencieuse. Stefan commence à remarquer qu'elle se comporte différemment de d'habitude, mais il ne parvient pas à en tirer une conclusion - après tout, ils ont passé une bonne soirée ? Après quelques minutes, Stefan rompt le silence et demande prudemment à Verena si tout va bien. "Bien sûr" lui répond-elle d'un ton glacial. "Je ne veux juste pas t'ennuyer - après tout, tu as visiblement bien profité de la soirée. Ma présence est donc plutôt malvenue...". Stefan ne comprend plus rien. A-t-il fait quelque chose de mal ? Qu'est-ce qui ne va pas chez Verena ? Cela l'a-t-il dérangée qu'il discute avec son ancienne amie ? Stefan essaie de lui prendre la main, mais elle la retire. "Oh, ne te force pas à faire quoi que ce soit. Il est évident que tu aurais préféré ramener cette autre fille à la maison ! Je dois être la remplaçante bon marché maintenant ?" - Stefan n'en croit pas ses oreilles. Verena est vraiment jalouse ! Pense-t-elle vraiment qu'il va préférer son ancienne amie ? Juste parce qu'il a parlé plus longtemps avec elle ?

Il fouille dans sa mémoire... y a-t-il eu des situations où il aurait pu avoir cette impression ? S'est-il lancé dans un flirt sans s'en rendre compte ? "Je suis désolé, Verena, mais tu as tout faux", dit Stefan. "Je connais Laura depuis l'université, nous avions le même cercle d'amis à l'époque et nous sortions souvent ensemble. Mais il n'y a jamais eu plus que ça ! Après nos études, nous nous sommes perdus de vue et nous venons de nous rencontrer pour la première fois depuis. Bien sûr, nous avions beaucoup de choses à nous dire, mais cela ne veut rien dire". - "Ah, ça ne veut donc rien dire", répond Verena. "Et le fait que tu l'aies littéralement déshabillée du regard devant tous les invités, ça ne veut rien dire non plus ? Et que tu aies fait semblant devant elle de ne pas nous connaître ?" Stefan secoue la tête d'un air irrité - que veut dire Verena ? Après tout, il était simplement en train de discuter avec Laura. Et Verena semblait s'amuser comme une folle pendant tout ce temps, entourée de ses amies - il n'aurait jamais pensé qu'elle puisse s'ennuyer ou se sentir délaissée.

Il veut se défendre, mais ne sait pas vraiment quoi dire... sans le vouloir ni même s'en rendre compte, il semble avoir sérieusement blessé Verena. Pourtant, il ne faisait que discuter avec une vieille amie ! Ses pensées commencent à s'emballer. Aurait-il pu se comporter de manière inappropriée ? "Mais Verena", s'exclame-t-il. "Ce n'est pas vrai du tout ! Nous ne faisions que parler ! Je n'avais aucune arrière-pensée, et Laura non plus !" Il avait essayé de l'apaiser, mais ses paroles n'ont pas eu l'effet escompté. Elle n'a fait que s'irriter davantage. "Je ne suis pas la seule à avoir remarqué ce qui se passe entre vous ! Mes amies avaient du mal à croire que tu fasses une chose pareille sous mes yeux. Je suis désolée, Stefan, mais c'était tout à fait évident. J'espère que je n'aurai plus jamais à vivre ce genre de choses, sinon notre histoire se terminera en moins de temps qu'il ne faut pour prononcer le nom de Laura".

Dans ce cas, la jalousie de Verena l'amène à dire à son partenaire qu'il a eu un comportement inapproprié. Si Stefan était sûr qu'il n'y avait rien de répréhensible dans son comportement, une évolution vers le gaslighting serait exclue.

Mais comme il prend à cœur les reproches de Verena et remet en question son comportement, ce mécanisme se met en place. Il examine rétrospectivement les erreurs qu'il a pu commettre, se sent coupable et se promet d'être plus prudent à l'avenir lorsqu'il parlera avec d'autres femmes. Il est fort probable qu'à la prochaine occasion, il sera moins à l'aise qu'il ne l'était le soir en question. Il n'est pas certain que Verena s'en contente. Elle continuera peut-être à lui faire croire qu'il trahit leur relation jusqu'à ce qu'il se retire complètement de tout contact.

Bien entendu, il existe d'innombrables autres contextes dans lesquels le gaslighting peut se produire dans les relations de couple. On trouve sur Internet plusieurs témoignages de personnes concernées ainsi que des forums où d'anciens gaslightees peuvent échanger et se soutenir mutuellement, par exemple https://gaslighting.org/, https://beziehung.gofeminin.de/forum/gaslighting-manipulation-fd1036060

AU TRAVAIL

Dans le travail quotidien, il y a toujours des situations où une personne est amenée à croire que sa perception est erronée. Les structures de pouvoir hiérarchiques favorisent ce processus, tout comme l'insécurité qui peut résulter de la dépendance à l'emploi. L'exemple suivant décrit l'histoire d'une jeune journaliste qui subit un gaslighting sexiste dans le cadre de son travail.

Theresa est une jeune femme engagée qui travaille depuis peu comme journaliste dans la rédaction d'un magazine prestigieux. C'est le métier de ses rêves, elle s'est battue pour l'obtenir et est donc très dévouée à son travail. Au début, elle ne pensait pas que le fait d'être la seule femme dans son service et que tous ses collègues aient au moins dix ans de plus qu'elle et travaillent dans cette entreprise depuis des années était un problème. Mais très vite, il s'avère que cet écart crée des tensions : Dès le premier jour de travail, Theresa a l'impression que ses efforts ne sont pas suffisamment valorisés et elle se sent mal à l'aise dans cet environnement dominé par les hommes. Son attitude enthousiaste lui est fatale. Entre les gestes généralement désapprobateurs de ses collègues, se mêlent ici et là des remarques désobligeantes et même des propos sexistes isolés.

Malgré ses excellentes qualifications, on lui confie toujours les missions les moins exigeantes et elle doit accomplir des tâches qui ne relèvent pas du tout de sa compétence - on lui demande même de préparer du café alors qu'elle n'en boit pas. Comme Theresa est de plus en plus déstabilisée, elle se montre encore plus enthousiaste et s'investit encore plus dans son travail, mais cela ne change rien à l'ambiance de travail. Le fait de s'en rendre compte ne fait qu'augmenter la hauteur de chute des attentes de Theresa sur le terrain. Contrairement à ses intentions, elle continue donc à glisser vers le bas dans ce rapport de force. Lorsqu'elle parle à ses collègues de son sentiment de ne pas être appréciée à sa juste valeur, ils lui répondent simplement "Ne fais pas l'idiot" ou "C'est dur, ce travail", comme si le comportement de ses collègues n'avait rien à voir avec son sentiment. Le chef de service ne comprend pas non plus ce qu'elle dit et l'enjolive, si bien qu'elle a de plus en plus l'impression que sa perception est faussée.

Ce qui arrive à Theresa est une forme très répandue de gaslighting. Ses collègues et ses supérieurs profitent de sa position professionnelle plus sûre pour lui donner un sentiment d'infériorité. Comme elle est non seulement plus jeune que ses collègues, mais aussi la seule femme de son entreprise, le sexisme se mêle au manque de respect général dont elle fait l'objet. Lorsqu'elle aborde ouvertement le problème, ses critiques sont rejetées et elle est accusée d'être trop sensible et de ne pas être à la hauteur des exigences élevées de son travail.

Le gaslighting, un phénomène de société

GASLIGHTING DANS L'ÉDUCATION

La violence psychologique dans l'éducation peut se manifester sous de nombreuses formes. Comme les enfants dépendent absolument de leurs parents pour leur existence et qu'ils doivent apprendre à se forger leur propre opinion, il est dans la nature des choses qu'ils soient particulièrement exposés à des manipulations allant jusqu'au gaslighting. Bien entendu, dans la plupart des cas, les parents ou les éducateurs ne sont pas mal intentionnés, ce qui rend malheureusement les effets sur la psyché de l'enfant tout aussi graves.

Cela commence à petite échelle, lorsque les parents ou les éducateurs, par manque d'assurance ou par honte, recourent à des mensonges de fortune pour dissimuler ce qui s'est passé - par exemple, une mère célibataire promet à son enfant de l'emmener au zoo le week-end. Mais à court terme, son employeur lui propose une mission bien rémunérée qui serait une véritable aubaine dans sa situation financière actuelle. Bien sûr, elle a des scrupules - l'enfant se réjouit déjà tellement d'aller au zoo et ne parle que de cela depuis des jours, elle ne veut pas lui gâcher cette joie. D'un autre côté, elle peut difficilement refuser cette mission dans sa situation, d'autant plus qu'elle craint, en cas de refus, d'être également écartée des futures offres de mission.

Prise de remords, elle accepte la mission, mais ne dit rien à son enfant du changement de plan, espérant sans raison qu'il ne remarquera peut-être pas que le week-end s'écoule sans visite au zoo. Mais lorsque le week-end arrive, l'enfant commence à faire les cent pas dans l'appartement tôt le matin et demande toutes les minutes quand ils vont partir. La mère se sent acculée. Comment va-t-elle expliquer cela à son enfant ? Alors, au lieu de dire à l'enfant la vérité qui dérange, elle tente

de nier la promesse et dit : "J'ai dit que nous irions *peut-
être* au zoo", ce qui est bien sûr accueilli par des pro-
testations bruyantes. Elle poursuit : "De toute façon, vu
ton comportement, je ne peux aller nulle part avec toi.
Sinon, ils te garderont tout de suite dans la maison des
singes". Ainsi, la mère s'est habilement tirée d'affaire.
Mais en même temps, elle a non seulement menti à son
enfant, mais elle lui a aussi fait comprendre qu'il avait
mal mémorisé quelque chose et qu'en plus, son comportement était responsable de l'impossibilité d'organi-
ser la sortie tant attendue. Dans de nombreuses famil-
les, de telles situations se produisent sporadiquement.
Il faut certes éviter ces situations dans la mesure du
possible et privilégier une communication ouverte,
mais une seule occurrence de ce phénomène ne laissera
pas de traces durables dans l'esprit de l'enfant.

Malheureusement, il existe aussi des cas beaucoup
plus graves où les enfants sont manipulés de manière
quasi systématique par leurs parents ou leurs éducateurs tout au long de leur enfance. En particulier dans
les cas de violence physique et d'abus sexuels, les cas
extrêmes de gaslighting jouent souvent un rôle décisif.
L'enfant est souvent persuadé qu'il n'a pas été battu,
agressé, violé, etc. mais qu'il l'a imaginé.

Il en résulte un profond décalage entre ce que l'enfant perçoit lui-même et ce qu'on lui demande de percevoir. Non seulement la capacité de jugement encore incomplète, mais aussi la dépendance émotionnelle et existentielle de l'enfant vis-à-vis de la personne de référence le poussent dans une position ambiguë. Afin de maintenir le lien de confiance nécessaire, les enfants concernés commencent à se blâmer eux-mêmes. Ils développent le sentiment que quelque chose ne va pas chez eux et qu'ils sont de "mauvais" enfants dont les adultes pitoyables (infaillibles) doivent subir la tyrannie. La situation devient particulièrement grave lorsque les parents commencent à impliquer les amis de l'enfant dans le réseau de manipulation, par exemple en leur disant ou en disant à leurs parents à quel point l'enfant est difficile, qu'il vole, qu'il ment, etc. et qu'il faut se méfier de lui. Vous trouverez ci-dessous une liste de phrases qui reviennent souvent dans les relations de gaslighting entre parents et enfants. Si certaines d'entre elles vous semblent familières, il est fort possible que vous en ayez été victime dans votre enfance.

- "Tu es en train de dire que ta mère/ton père ment ?"
- "Je n'ai jamais dit ça".
- "Je n'ai jamais fait ça".

• "Tu mens comme un arracheur de dents".

• "Ne dis pas de bêtises."

• "Ce n'est pas possible".

• "Cela me fait beaucoup plus mal à moi qu'à toi". (punitions, coups, etc.)

• "Tu ne peux t'en prendre qu'à toi-même."

• "Ne fais pas le malin."

• "Tu en fais encore une montagne."

• "Chaque fois qu'il fait beau, il faut tout casser".

• "Vous n'avez pas d'humour".

• "Il y a quelque chose qui ne va pas chez toi."

• "Ta place est à l'asile."

• "Tu n'as pas idée de la chance que tu as".

• "Les autres finiront bien par se rendre compte de l'enfant terrible que tu es en réalité".

Les parents qui traitent leurs enfants de la sorte présentent souvent un trouble de la personnalité narcissique qui n'est pas toujours reconnu comme tel. Très souvent, ces expériences néfastes se déroulent en secret, sans que les personnes extérieures, comme les amis, les enseignants ou les voisins, n'en aient connaissance. Si un enfant atteint de gaslighting présente des comportements qui laissent supposer que quelque chose ne va pas, les parents se contentent souvent d'en sourire et de les minimiser en les considérant comme des caprices d'enfant tout à fait normaux.

Que ce soit par politesse déplacée, par manque d'intérêt ou par réelle ignorance de l'entourage, il est trop rare que des mesures soient prises après de telles situations pour au moins savoir s'il n'y a pas eu de maltraitance émotionnelle dans l'environnement familial. En même temps, les mécanismes du gaslighting sont si subtils qu'il est souvent difficile pour les personnes extérieures d'évaluer si et dans quelle mesure l'enfant a été maltraité. Mais dans tous les cas, les conséquences sur l'âme de l'enfant sont graves et généralement irréversibles ou ne peuvent être maîtrisées qu'au prix d'années de thérapie et de processus d'élaboration douloureux. Le sentiment, ancré depuis l'enfance, d'être défectueux, perturbé dans sa perception et généralement coupable, s'installe et influence durablement la confiance en soi et le comportement d'attachement de la personne concernée. Souvent, les personnes qui ont été victimes de gaslighting dans leur enfance s'engagent dans des relations où le schéma destructeur se répète à l'âge adulte. Elles ont appris que la relation est synonyme de manipulation.

GASLIGHTING ET NARCISSISME

Le gaslighting est également fréquent dans les relations avec les narcissiques. Ces derniers ne se rendent souvent même pas compte à quel point leur comportement peut être néfaste pour l'âme de leurs interlocuteurs.

Comme ils placent leur propre bien-être au-dessus de tout, ils manquent souvent d'empathie et ont tendance à percevoir leurs semblables comme une surface réfléchissante sur laquelle ils peuvent s'expérimenter eux-mêmes. Ils veulent que les autres leur soient utiles pour satisfaire leurs besoins ou comme moyen d'atteindre leurs objectifs. Cependant, comme les narcissiques peuvent souvent se montrer très sûrs d'eux et charmants, ce qui ne les rend pas immédiatement reconnaissables en tant que narcissiques, il leur est facile de gagner les autres à leur cause. C'est pourquoi il n'est pas rare de les voir occuper des postes professionnels ou politiques de haut niveau. Cependant, la confiance en soi des narcissiques est fragile et ils ont besoin de sentir qu'ils peuvent exercer un contrôle. Les personnes souffrant d'un trouble de la personnalité narcissique sont prêtes à utiliser n'importe quel moyen pour obtenir ce qu'elles veulent. Lorsqu'elles se rendent compte qu'elles n'ont pas "assez" de pouvoir sur leur interlocuteur, elles tentent souvent de le déstabiliser et d'affaiblir son estime de soi. Ils peuvent ainsi se percevoir comme le "plus fort".

Les personnes ayant une personnalité narcissique ont souvent du mal à reconnaître leurs erreurs, ce qui les amène à présenter les événements après coup comme si les autres étaient les seuls responsables de leurs malheurs ou de leurs injustices. Elles se présentent même souvent comme des victimes, ce qui attire la pitié. Ils peuvent convaincre non seulement les autres, mais aussi eux-mêmes, de leur version déformée de la réalité, au point de finir par y croire eux-mêmes. Si les Gaslighters sont eux-mêmes convaincus de leur déformation, la manipulation risque de se poursuivre et de pousser les personnes concernées dans leurs retranchements.

GASLIGHTING ET SEXISME

Depuis que le débat MeToo a fait des vagues en octobre 2017, le sexisme est de plus en plus au centre de l'attention du public et, dans la foulée, les schémas de communication qui y sont associés.

En y regardant de plus près, on constate

rapidement que de nombreux principes inhérents au gaslighting se retrouvent dans les structures sexistes. Par exemple, de nombreuses femmes victimes d'une agression sexuelle font l'expérience d'un retournement de situation (*victim-blaming*). Les femmes concernées rapportent régulièrement que les officiers de police, les membres de la famille ou les amis ne croient pas à leur récit et rejettent la faute sur la victime. Comme si cela pouvait justifier l'acte, on demande par exemple aux femmes concernées comment elles étaient habillées au moment des faits, où et à quelle heure elles se trouvaient, si elles étaient seules, si elles avaient bu de l'alcool, etc. Elles sont ainsi accusées, indirectement ou directement, d'avoir provoqué l'agresseur par leur apparence ou leur comportement. L'agresseur est donc excusé et la victime est rendue responsable de ce qui s'est passé - ce qui est doublement perfide dans la mesure où la victime doit non seulement vivre avec les graves conséquences de l'abus sexuel, mais doit en plus faire face à un sentiment de culpabilité. La question "Qu'aurais-je dû faire différemment pour ne pas avoir à vivre cela ?" est souvent posée par les victimes, et c'est la première étape du gaslighting : La victime a été amenée à croire qu'elle était responsable de ce qui lui était arrivé.

"Ne t'énerve pas encore !" "Ce ne sont que des gentillesses inoffensives". "Ne sois pas si coincée !" - les filles et les femmes qui tentent de se défendre contre des avances non désirées sont régulièrement confrontées à de telles déclarations. Que ce soit au sein de la famille, au travail ou en public, presque toutes les femmes sont confrontées à ce genre de situation - et donc au gaslighting - au moins une fois dans leur vie. Dans ces exemples, on suggère à la personne concernée que ce qui la dérange est tout à fait légitime et qu'elle perçoit un problème là où il n'y en a pas - avec la conclusion logique que le problème réside dans sa perception.

C'est un fait indéniable que chaque personne devrait être autorisée à fixer ses propres limites, tant psychologiques que physiques, et que celles-ci doivent absolument être acceptées par tous ceux qui l'entourent. Mais en ignorant et en annulant ce fait, les personnes concernées perdent peu à peu cette sécurité (ou grandissent sans en avoir conscience dès le départ). De même, les abus sexuels sur les enfants et la violence domestique entraînent souvent un gaslighting basé sur les déclarations susmentionnées, voire un déni de ce qui s'est passé : "Cela ne s'est jamais passé ainsi".

GASLIGHTING ET RACISME

Le racisme structurel est également un sujet qui a enfin fait l'objet d'un débat public ces dernières années - l'assassinat de l'Afro-Américain George Floyd le 25 mai 2020 y a encore largement contribué.

Mais si des voix s'élèvent pour demander la reconnaissance et l'abolition des structures racistes, des voix discordantes s'élèvent également pour tenter non seulement de justifier ces structures, mais aussi de nier leur existence. "Il n'y a certainement pas de racisme derrière tout cela, ce n'était qu'un hasard/une malchance", est une réaction fréquente lorsque des injustices sont critiquées et que l'on soupçonne une attitude raciste derrière elles. Les personnes concernées ont l'impression qu'elles perçoivent mal les choses, qu'elles imaginent des relations et que le problème vient en réalité d'elles. Des affirmations telles que "je ne vois pas de couleur de peau", "le racisme n'existe plus" ou autres nient ce problème structurel et rendent vaines les expériences des innombrables personnes concernées.

Sortir du piège de la manipulation - Comment me protéger et protéger les autres du gaslighting ?

COMMENT PUIS-JE ME PROTÉGER ?

Le comportement manipulateur et le gaslighting peuvent toucher tout le monde. En être victime n'est pas un signe de faiblesse ou même de stupidité ! Il y a plusieurs choses que vous pouvez faire et dont vous pouvez tenir compte pour éviter d'être vous-même la cible d'une attaque de gaslighting. Si vous êtes sensibilisé à ces schémas et à leurs signes les plus subtils, vous serez en mesure de reconnaître les tentatives les plus sournoises de manipulation et de les faire rebondir sur vous sans aucun effet. Pour cela, il faut bien sûr que vous soyez conscient du danger que représente le gaslighting et que vous soyez bien informé sur son fonctionnement, ses signes et ses conséquences. Vous pourrez ainsi distinguer avec précision les moments où des schémas inquiétants apparaissent et prendre des mesures immédiates en conséquence.

Tout d'abord, laissez votre cœur être votre boussole ! Écoutez vos sentiments, car ce sont eux qui vous donnent les informations les plus fiables sur ce que vous ressentez. Mais même les personnes qui n'ont pas l'expérience de la remise en question de leurs sentiments peuvent avoir du mal à s'écouter sans compromis et sans condition, à la recherche d'une réponse à la question : "Comment vais-je ? Après tout, la norme sociale veut que nous apprenions, au cours de notre vie, à ne pas nous laisser trop influencer par nos émotions et à placer notre capacité à penser de manière rationnelle au-dessus de toute sensibilité. Mais cela nous aide-t-il vraiment à développer une relation saine et heureuse avec nous-mêmes et avec les autres ? N'agissons-nous pas souvent en fonction de la raison, en faisant ou en ne faisant pas quelque chose simplement parce que nous pensons que cela doit être fait ? Ne prenons-nous pas souvent des décisions après mûre réflexion, mais en ignorant la voix de notre instinct ?

Nous savons intuitivement si nous nous sentons bien ou non dans toutes les situations de la vie. Même si les raisons de ce sentiment nous semblent parfois obscures, il est indéniable qu'il est là et qu'il nous dit quelque chose. Que nous soyons spontanément attirés par quelqu'un ou que nous ayons soudain le sentiment alarmant que quelque chose ne va pas, cela vaut la peine d'en tenir compte. Ainsi, votre voix intérieure peut vous avertir très tôt si vous vous engagez avec quelqu'un qui se révélera par la suite néfaste pour vous. Plus la confiance en soi d'une personne est forte, moins les Gaslighters ont de chances d'avoir un impact avec leur jeu perfide.

SORTIR DU PIÈGE DE LA MANI-PULATION EN 5 ÉTAPES

Maintenant que plusieurs exemples ont été cités et que les signes et les conséquences ont été expliqués, que faire si l'on soupçonne que l'on est victime de gaslighting ou qu'une personne de son entourage pourrait l'être ? Quelles sont les étapes à suivre pour faire le tri dans les doutes croissants que l'on a sur soi-même et pour reprendre pied ou aider d'autres personnes à sortir de leur situation ? Vous trouverez ici un guide détaillé avec des aides concrètes. Dans le chapitre suivant, nous verrons plus en détail comment vous pouvez aider les autres personnes concernées à sortir d'une relation de gaslighting.

1. obtenez des informations claires

Que ce soit au travail, dans votre relation ou dans votre famille, soyez vigilant si l'on vous dit que quelque chose ne va pas dans votre perception. Avant d'être trop déstabilisé, il est préférable de vous faire une idée claire de votre situation. Cela peut paraître paradoxal au vu de la situation, mais c'est possible dans une certaine mesure. C'est-à-dire en faisant exactement ce que le Gaslighter potentiel veut probablement vous empêcher de faire : Faire confiance à votre instinct. Si vous ne vous sentez pas à l'aise dans votre situation actuelle ou si vous pensez que quelque chose ne va pas, prenez cela au sérieux et allez au fond des choses.

Pour ce faire, mettez de côté pendant un moment la distinction entre le vrai et le faux et formulez pour vous-même le plus précisément possible ce qui vous inquiète dans la situation actuelle, comment vous vous sentez, quelles sont vos craintes, etc. Dans l'idéal (si possible), faites des comparaisons avec des périodes antérieures où vous ne connaissiez pas cette personne. Ignorez les pensées naissantes telles que "mais c'est mon imagination" - il s'agit avant tout de savoir comment vous vous sentez et comment vous percevez les choses. N'hésitez donc pas à faire un bilan honnête.

2. tenez un journal

Il est conseillé de mettre sur papier les processus de pensée que nous venons d'évoquer. En effet, si tout est écrit noir sur blanc, il vous sera plus facile de mettre de l'ordre dans vos pensées. Prenez l'habitude de noter chaque jour votre état d'esprit aussi précisément que possible. Il est également très utile de prendre un papier et un crayon après chaque conversation avec le Gaslighter afin de noter ce qu'il dit aussi fidèlement que possible ou de ne communiquer avec lui que par écrit, par exemple par e-mail ou SMS (ce qui est bien sûr plus facile à faire avec des collègues de travail ou des supérieurs qu'avec des amis proches ou des membres de votre famille). Vous aurez ainsi toujours la possibilité d'accéder au contenu de conversations plus anciennes, sans que celui-ci ne soit déformé par le souvenir.

En outre, vous pouvez réfuter les affirmations de votre interlocuteur en les comparant à vos propres notes. Un autre avantage de cette mise par écrit est que, plus tard, lorsque vous vous trouvez en discussion avec des personnes extérieures, vous avez en main une preuve tangible des complications existantes, ce qui peut être particulièrement intéressant si des instances supérieures doivent être impliquées, par exemple les services de protection de l'enfance dans le cadre d'une séparation ou le comité d'entreprise en cas de gaslighting au travail.

3. cherchez à échanger avec d'autres personnes

Comme nous l'avons expliqué précédemment, la relation de confiance entre Gaslighter et Gaslightee est un terreau fertile sur lequel la manipulation peut se développer. Mais ce processus ne peut se dérouler sans heurts que si les influences extérieures à cette relation sont aussi faibles que possible. Toute opinion objective de personnes extérieures peut donc ébranler la construction du Gaslighter, raison pour laquelle celui-ci tentera de discréditer l'entourage le plus tôt possible d'une manière ou d'une autre. Cela peut se faire de différentes manières : Par exemple, en transposant ses propres opinions sur l'entourage ("Nous sommes tous d'accord pour dire que tu exagères") ou en persuadant le Gaslightee que les autres font semblant de croire que tout va bien uniquement par pitié.

Si le Gaslighter parvient à temps à atténuer suffisamment les influences extérieures, les fruits de ses intrigues peuvent s'épanouir en toute liberté. Pour éviter cela, vous devriez toujours chercher à échanger avec d'autres personnes. Vous pourrez ainsi *effectuer des vérifications de réalité* pour vous-même à un stade précoce, afin de pouvoir évaluer si les déclarations du Gaslighter sont justifiées.

Avant toute chose, faites appel à des amis avec lesquels vous avez une relation de confiance stable, mais qui sont néanmoins le moins possible impliqués dans la relation entre vous et le Gaslighter. Vous pourrez ainsi vous assurer que cette personne a une vision largement objective de la situation. Utilisez également vos notes - elles vous aideront également à rester objectif et cohérent.

Outre l'échange avec des personnes extérieures, le contact avec des personnes également concernées peut s'avérer utile. En cas de soupçon de gaslighting sur le lieu de travail ou dans la famille, il est particulièrement utile de parler ouvertement avec d'autres personnes impliquées des éventuelles tentatives de manipulation. D'une part, cela peut montrer que certaines personnes ont déjà trouvé un moyen de faire face à la situation et, d'autre part, votre initiative peut permettre à certaines personnes de prendre conscience de leur situation !

Mais il peut aussi arriver que vous ne parveniez pas à des conclusions cohérentes, que ce soit en parlant avec des personnes extérieures ou avec des personnes impliquées. Ou alors, même après avoir parlé à toutes ces personnes, vous avez toujours l'impression que quelque chose ne va pas chez vous et dans votre perception. Si c'est le cas, vous devez absolument demander l'aide d'un professionnel. Une première étape peut être de téléphoner : Par exemple, la ligne d'assistance téléphonique pour les femmes (08000 116 016) vous permet d'obtenir des conseils et des informations 24 heures sur 24. S'il s'agit de gaslighting sur votre lieu de travail, prenez contact avec le comité d'entreprise. Sous le titre "Où trouver une aide professionnelle" à la fin du guide, vous trouverez d'autres points de contact auprès desquels vous pourrez obtenir une aide immédiate ou un soutien psychologique à long terme.

Vous pouvez également demander à voir le Gaslighter lui-même. Cependant, cela n'est conseillé que si vous vous sentez suffisamment fort pour faire face à cette situation éprouvante. En outre, la confrontation avec le Gaslighter n'a de sens que dans quelques cas. Par exemple, si vous avez affaire à une personne souffrant d'un trouble de la personnalité narcissique, il est déconseillé d'en parler, car cela ne ferait que vous démoraliser davantage et ne vous apporterait aucune amélioration.

Si vous pensez qu'un entretien de clarification avec le Gaslighter pourrait être approprié dans votre cas et que vous vous en sentez capable, préparez-vous bien. En effet, il est fort probable qu'au cours de l'entretien, votre interlocuteur cherchera encore plus que d'habitude à vous déstabiliser. Et même si la personne est proche de vous, ne vous laissez pas déstabiliser par d'éventuels tirs croisés. Vous êtes suffisamment conscient de ce qui vous dérange dans le comportement de l'autre et vous avez en outre échangé avec des personnes extérieures, c'est donc votre droit le plus strict de communiquer vos exigences.

Soyez conscient qu'un entretien avec le Gaslighter n'est efficace que s'il est prêt à vous écouter et à vous prendre au sérieux. Si vous constatez au cours de la conversation que vous n'obtenez que de la résistance et que l'on ne vous écoute pas, mettez fin à l'entretien. Il serait inutile de continuer, car une amélioration n'est possible que si vous êtes suffisamment disposé à comprendre et à coopérer.

Si, par chance, vous parvenez à convaincre la personne concernée et qu'elle est prête à changer de comportement, vous pouvez travailler ensemble pour trouver une solution à la situation. Idéalement, vous devriez demander l'aide d'un professionnel des deux côtés, car il est peut-être aussi dans l'intérêt du Gaslighter que de telles disputes ne se reproduisent plus à l'avenir.

Malheureusement, dans la plupart des cas, un entretien de clarification est exclu d'emblée ou n'apporte pas l'amélioration souhaitée - quand il n'aggrave pas la situation. Il est donc généralement nécessaire d'aller plus loin.

4. rompez le contact

Plus vous vous êtes enfoncé dans la spirale du Gaslighting, plus il sera difficile de remonter à la surface. Si vous avez réussi à suivre les étapes jusqu'ici, rompez le contact avec le Gaslighter avec effet immédiat si possible - ou du moins réduisez-le suffisamment pour pouvoir prendre du recul par rapport à la situation.

Si la personne en question n'est qu'une amie éloignée ou un collègue de travail, il est évidemment plus facile de prendre complètement ses distances qu'avec un membre de votre famille ou votre partenaire. Mais même si la personne en question est proche de vous, prenez un instant pour comprendre ce qui se passe : la manipulation crée une dépendance émotionnelle qui déséquilibre énormément la relation. L'être humain est fondamentalement très adaptable, il est donc très probable qu'avec le temps vous vous soyez habitué aux nombreuses restrictions et brimades et que vous ne les perceviez même plus comme telles.

D'un point de vue subjectif, ce mécanisme réduit certes les dommages causés, mais cela n'enlève rien à la gravité de la situation. Posez-vous la question suivante : voulez-vous vraiment vivre dans une relation qui vous fait douter de vous en permanence et qui vous affecte psychologiquement de manière durable ?

Si vous craignez que votre partenaire ne devienne violent avec vous, ne vous force à rester avec lui contre votre gré ou ne vous agresse d'une autre manière, il est important que vous consultiez la ligne d'aide (08000 116 016) ou une ligne similaire. Vous y trouverez également des informations sur la protection des victimes ainsi que des contacts avec des organismes de soutien proches de chez vous. La violence psychologique n'est en aucun cas moins dévastatrice que la violence physique et est également punissable. N'hésitez donc pas à demander de l'aide.

5. faites taire votre Gaslighter intérieur

Le gaslighting laisse inévitablement des traces chez les personnes concernées. De nombreuses séquelles possibles ont déjà été mentionnées ; outre une estime de soi généralement affaiblie, les accusations et les insinuations de la part du Gaslighter sont souvent déjà tellement ancrées que le Gaslightee doit encore lutter contre des schémas de pensées et de sentiments récurrents établis par le Gaslighting, même après la dissolution de cette relation éreintante.

De la même manière que la façon dont nos parents nous traitent pendant l'enfance est intériorisée et se manifeste à nouveau tout au long de la vie comme une voix intérieure, la psyché intériorise aussi inconsciemment la voix du Gaslighter. Les sentiments d'insécurité, d'inutilité ou d'aliénation qui accompagnent le gaslighting peuvent donc persister longtemps après la rupture du contact toxique - le poison continue d'agir. Pour y remédier, il est recommandé de recourir à une aide psychologique à long terme.

Il se peut que vous vous sentiez soudainement mieux et plus libre juste après vous être libéré de la relation de gaslighting (la séparation, la rupture de contact, etc.). Après tout, vous avez vécu sous le joug de l'influence néfaste pendant un temps considérable

et vous pouvez enfin penser et agir de manière auto-
nome.

Mais sachez que cet état d'euphorie initial ne doit
pas être considéré comme la preuve que l'épisode a été
totalement surmonté. Tout processus d'apprentissage
prend du temps et la guérison est rarement linéaire - il
est normal qu'après avoir atteint des sommets, vous
ayez l'impression de revenir en arrière et de ne plus
pouvoir avancer.

COMMENT AIDER LES PERSON-
NES CONCERNÉES ?

Que ce soit au travail, dans le cercle d'amis ou par rapport à des structures sexistes ou racistes, si vous percevez ou même soupçonnez du gaslighting dans votre
entourage, ne restez pas sans rien faire ! Le gaslighting
est loin d'être anodin et peut avoir des conséquences
psychologiques durables. Il est fréquent que les personnes concernées par le gaslighting développent des dé-
pressions ou des troubles anxieux. Par conséquent, si
vous soupçonnez ne serait-ce qu'une seule fois qu'une
personne de votre entourage pourrait être concernée :
Ouvrez l'œil et essayez, dans la mesure du possible,
d'aider la personne concernée. Il est évident qu'une

aide professionnelle est nécessaire, en particulier dans les cas les plus graves, mais le soutien et l'assistance de l'entourage peuvent aider les personnes concernées à sortir de la relation de gaslighting.

En particulier si le processus de Gaslightening est déjà assez avancé et que le Gaslightee a déjà perdu une grande partie de son assurance et de sa confiance en sa propre perception, il est d'une importance inestimable de lui faire savoir que vous êtes à ses côtés, que vous le croyez et qu'il peut vous faire confiance sans crainte. Vous pouvez aider un Gaslightee en suivant ces étapes concrètes :

1. Observez la situation !

Dès que vous soupçonnez qu'une personne de votre entourage pourrait être victime de gaslighting, gardez un œil discret sur la situation. Le gaslighting fonctionne souvent par des moyens subtils qui ne sont pas visibles au premier coup d'œil. Toutefois, si vous soupçonnez que ce problème pourrait exister dans votre environnement professionnel ou privé, essayez d'y voir plus clair. Une situation unique n'est pas nécessairement déterminante, mais si les indices s'accumulent, vous devez tirer la sonnette d'alarme ! Si vos soupçons se confirment, agissez immédiatement pour aider la personne concernée !

2. Adressez-vous à la personne concernée !

Ce n'est pas toujours facile, surtout si vous n'avez pas une relation de confiance étroite avec la personne. Mais qui sait quel grand service vous lui rendrez !

Souvent, les Gaslightees eux-mêmes ne se rendent pas compte du jeu perfide dans lequel ils sont impliqués - s'ils ont parfois des soupçons à ce sujet, ils n'ont généralement pas confiance en ces soupçons. Il peut alors être utile d'être conforté par une personne extérieure. Mais attention, il s'agit bien sûr d'un sujet très sensible ! Non seulement parce que le Gaslightee peut rapidement avoir l'impression qu'on veut l'infantiliser ou qu'on l'accuse de faiblesse, mais aussi parce que les Gaslightees sont souvent incertains de savoir à qui ils peuvent faire confiance ou non, surtout si leur bourreau leur a fait comprendre que tout leur entourage avait déjà compris à quel point ils étaient fous. Prenez donc toujours en compte l'état d'esprit du Gaslightee et traitez-le comme vous aimeriez être traité dans une situation similaire.

3. Soyez à l'écoute de vos interlocuteurs. Soyez là.
Une fois que le Gaslightee a pris confiance en vous, vous jouerez probablement un rôle important pour lui. Notamment parce qu'une relation de gaslighting, aussi toxique soit-elle, est basée sur un lien fort et une dépendance mutuelle. Si le Gaslightee reconnaît ces schémas et commence à s'en détacher, il perd aussi beaucoup de ce qu'il croyait être la stabilité et la sécurité. Il est fort probable qu'il commence par les chercher auprès de vous.

Bien entendu, vous ne pouvez et ne devez les accorder que jusqu'à un certain point, même dans le cas d'amitiés très étroites. Il est donc d'autant plus important de faire appel à l'aide professionnelle d'un service de conseil psychologique ou d'un psychothérapeute. Néanmoins, en ouvrant vos oreilles, vous pouvez contribuer de manière importante à ce que le Gaslightee sente à nouveau la terre ferme sous ses pieds.

4. Respectez vos propres limites !
Le fait que vous soyez là pour le Gaslightee ne signifie en aucun cas que vous devez tout accepter sans discuter. Vous devez l'écouter sans préjugés, mais vous n'êtes pas obligé de lui obéir si vous avez une perception différente de la sienne.

Un dialogue entre des points de vue différents est un signe important de respect mutuel, et cela renforcera même le processus du Gaslightee s'il constate que l'on peut être en désaccord sans pour autant entrer dans une lutte de pouvoir. De même, vous ne devez pas vous laisser accaparer et vous mettre à sa disposition sans restriction, à toute heure du jour et de la nuit, au-delà de vos propres forces ! Vous pouvez l'accompagner, mais vous ne devez pas le porter.

5. Conseillez au Gaslightee de faire appel à des professionnels !

Il est absolument nécessaire de consulter un service d'aide psychologique ou de suivre une thérapie, surtout après une relation de gaslighting de longue durée qui a laissé de graves séquelles. Les inhibitions à franchir cette étape sont souvent importantes, mais vous pouvez faciliter l'entrée en matière de la personne concernée, par exemple en lui proposant de l'aider à trouver un thérapeute ou en lui demandant régulièrement comment elle progresse dans sa recherche. Signalez que ce n'est pas un signe de faiblesse que de chercher de l'aide et montrez de l'intérêt pour l'évolution des choses !

OÙ TROUVER UNE AIDE PROFESSIONNELLE ?

Si le gaslighting a lieu dans l'environnement de travail, une première étape peut consister à s'adresser aux supérieurs hiérarchiques, à condition bien sûr qu'ils ne soient pas eux-mêmes impliqués. Dans certaines entreprises et universités, il est également possible de s'adresser aux déléguées à l'égalité ou aux femmes. Souvent, ils peuvent également fournir des adresses auxquelles vous pouvez vous adresser pour un traitement thérapeutique ultérieur.

Bien sûr, vous pouvez aussi chercher un thérapeute par vous-même. Il existe même des moteurs de recherche sur Internet qui vous permettent de trouver quelqu'un qui correspond à vos besoins en définissant différents filtres (par exemple, www.therapie.de, Kassenärztliche Bundesvereinigung). Vous pouvez également vous adresser à des services de conseil psychologique tels que ProFamilia. Ces services sont également proposés par certaines organisations religieuses (par exemple Diakonie).

Pour une aide aiguë, vous pouvez également vous adresser à un service d'assistance téléphonique. Ces services sont généralement accessibles en continu et gratuits.

Bien entendu, vous pouvez demander l'aide des deux numéros, quelle que soit votre religion ou votre confession.

Pour plus d'informations : www.telefonseelsorge.de

Jouer avec les ombres

Bien que le terme "gaslighting" et la sensibilisation du public à ce mécanisme n'aient pas encore cent ans, le phénomène en lui-même est probablement aussi vieux que l'humanité. La recherche dans ce domaine n'en est qu'à ses débuts, mais avec la prise de conscience croissante du public, les tentatives de psychologues et de journalistes pour comprendre ce sujet et son fonctionnement se multiplient.

Ce guide vous a donné un premier aperçu de tous les mécanismes inhérents au gaz lighting et de leurs effets, ainsi que des conseils pour vous aider à sortir du piège du gaslighting. Se sortir de cette situation

compliquée demande beaucoup d'efforts et peut être
très douloureux, mais une fois la crise passée, vous
vous sentirez mieux et vous avancerez dans la vie avec
une toute nouvelle confiance en vous.

Enfin, j'aimerais vous donner quelques conseils de lecture supplémentaires :

• Julia Naue : *Quand les autres manipulent notre perception.*

• Sandra Berthaler : *La terreur psychologique dans les
relations : Manipulation jusqu'à la folie : voici comment
les "Gaslighters" abusent de leurs victimes.*

• *Le gaslighting est un abus psychologique subtil - Ce
sont souvent des personnes proches qui torturent leurs
victimes par ce type de manipulation. Un témoignage.*

• Henrike Möller : *Gaslighting : quand la perception est
dirigée par autrui.*

• Kira Cossa : *Filles de mères narcissiques : Gaslighting.*

• *Stratégie "Gaslighting" : comment la manipulation dé-
libérée de la réalité rend les gens malades.*

• Bärbel Wardetzki : *Gaslighting : l'insécurité totale - "Je
pensais que je devenais fou".*

• Verena Maria Dittrich : *Gaslighting : le plaisir perfide
de la* manipulation

• Jan Drees : *A propos de l'abus émotionnel,*

• Gaslighting - Abus psychologiques subtils | Petits trois

• Jan Drees : *Gaslighting : J'ai peur de mon ex - à propos de la fonctionnalité*

• Les Chicks : "Gaslighter"

Anna-Lena Palek 2021

1ère édition

Contact : Psiana eCom UG/ Berumer Str. 44/ 26844 Jemgum

Conception de la couverture : Fenna Larsson

Photo de couverture : depositphotos.com